AF889913

Franca Perini

Y CIEN TESOROS MÁS

ILUSTRACIONES DE Anna Pedron

Kalandraka

A las niñas y niños que habitan su presente,
ajenos y anhelantes de futuro.

Franca Perini

A la infancia que perdura en mi interior,
capaz de sentir temor y asombro.

Anna Pedron

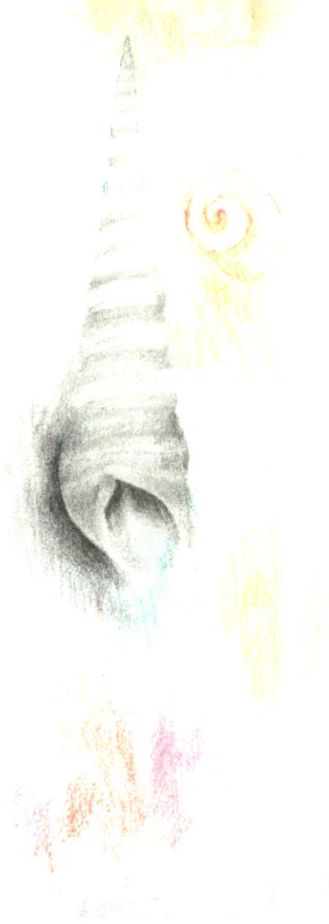

Índice

PLUMAS

¿Cómo saben los niños
que las nubes son almohadas
rellenas de ligeras plumas de gato?
Tal vez lo sepan
porque han trepado
por treinta chimeneas
o porque han subido
al menos en tres globos,
hacia arriba,
hacia lo alto.

CÓMODA

Los niños tienen preguntas
que perforan los días,
como la carcoma
en la vieja cómoda con espejo
del salón del abuelo.
Los niños tienen preguntas
que necesitan resolver,
túneles que horadar en la madera
y serrín para escupir
durante el sueño.

OSCURIDAD

¿Cómo pueden los niños
bajar peldaño a peldaño
a la bodega
y quedarse allí abajo
respirando el olor
a musgo y setas
a vino y jamón
a moho y salchichón?
¿Cómo logran subir solos al desván,
entre el polvo y el frío de la escarcha,
dejándose caer
un minuto siquiera
en un sillón sin reposabrazos?
Los niños
tienen hambre de todo.
Incluso de oscuridad.

DEDOS

¿Cómo logran los niños
contar los puntitos
de la espalda
de las mariquitas
o distinguir las venas
de las libélulas azules
en pleno vuelo?

¿Cómo saben curar
las colas heridas
de las lagartijas
amarillas de sol?
Los dedos de los niños
son de piel delicada
para perseguir
la luz amable de las luciérnagas
en busca de amor.

PENSAMIENTOS

Algunas veces,
por error,
los niños tienen pensamientos perfectos
que se quedan atrapados
en cuadernos rayados
y cuadriculados.

PIES

Hay pies
con plumas negras de gallina,
que se hunden en los grises
de la arena,
flotan en el azul
del agua del río,
se ensucian
de verde y marrón
al subir a la colina.
Y si vuelan,
se manchan
de amarillo y naranja.

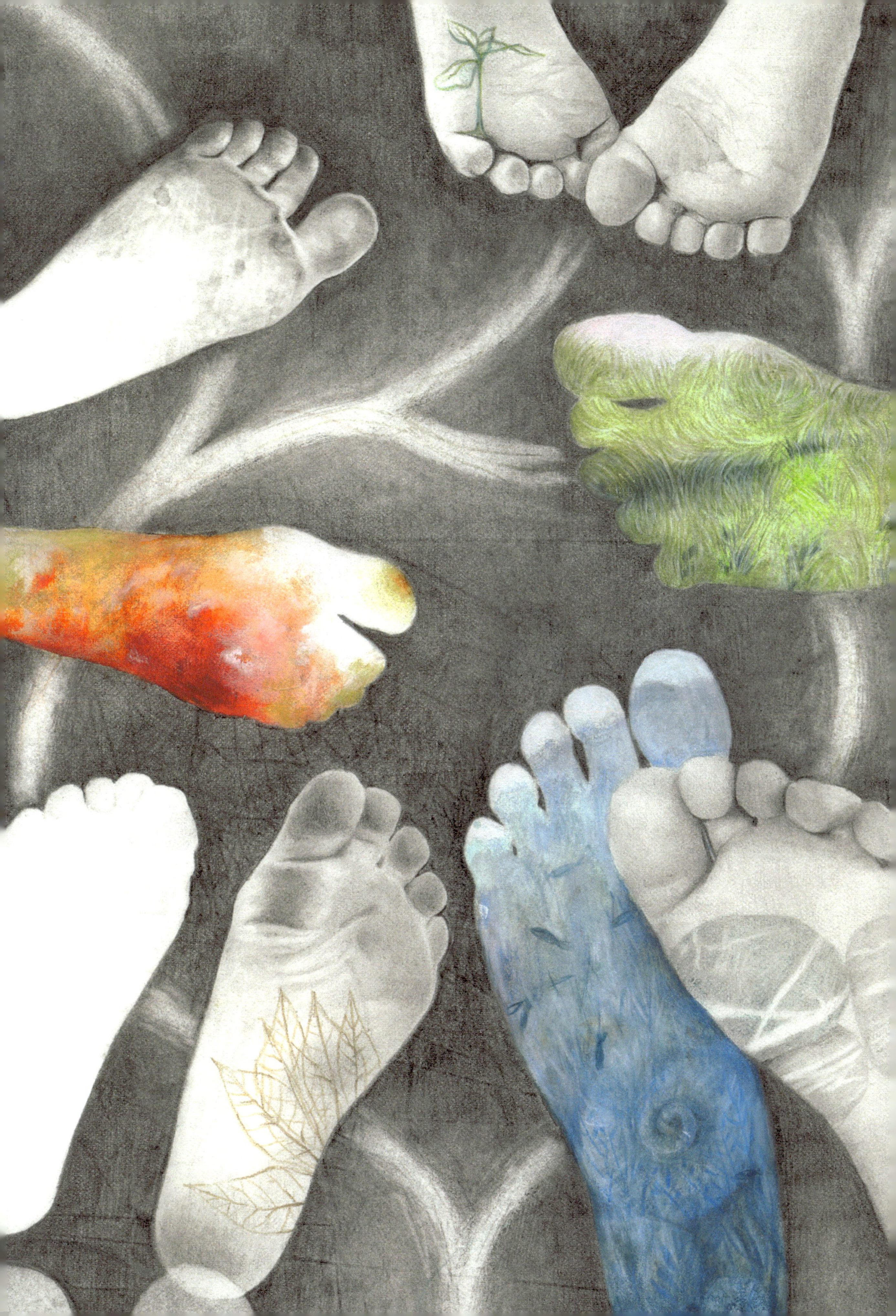

SUEÑOS

Los sueños
de los niños
se quedan pasmados
de ser mejillas hinchadas
como pompas de jabón
y largas colas
de cometa.

CAMAS

Las camas son barcos.
El mar de la noche
tiene un qué de misterioso;
pasa a través de un embudo.
Pero la ola de la sábana
dibuja su camino,
la espuma reposa
en un instante.
O en un año entero.

LOBOS

¿De dónde sacan los niños
esos ojos tan grandes
para ver mejor?
Tienen pestañas
que son briznas de hierba
robadas
a la verde esperanza
de los prados.
Tienen sueños
de lobos hambrientos
y están listos para escapar.

ÁRBOLES

Los niños son árboles.
Tienen cicatrices
en la corteza:
del carpintero y de su pico,
y de la flecha puntiaguda,
de los resplandores de un rayo
que ha abierto una brecha.
Sus pies son raíces
que se agarran a la roca.
Tienen manos alborotadas
por el soplo del viento
que los abraza.
Se transforman en cofres para guardar
las nueces de las ardillas,
el sueño de una nube de verano
y cien tesoros más.

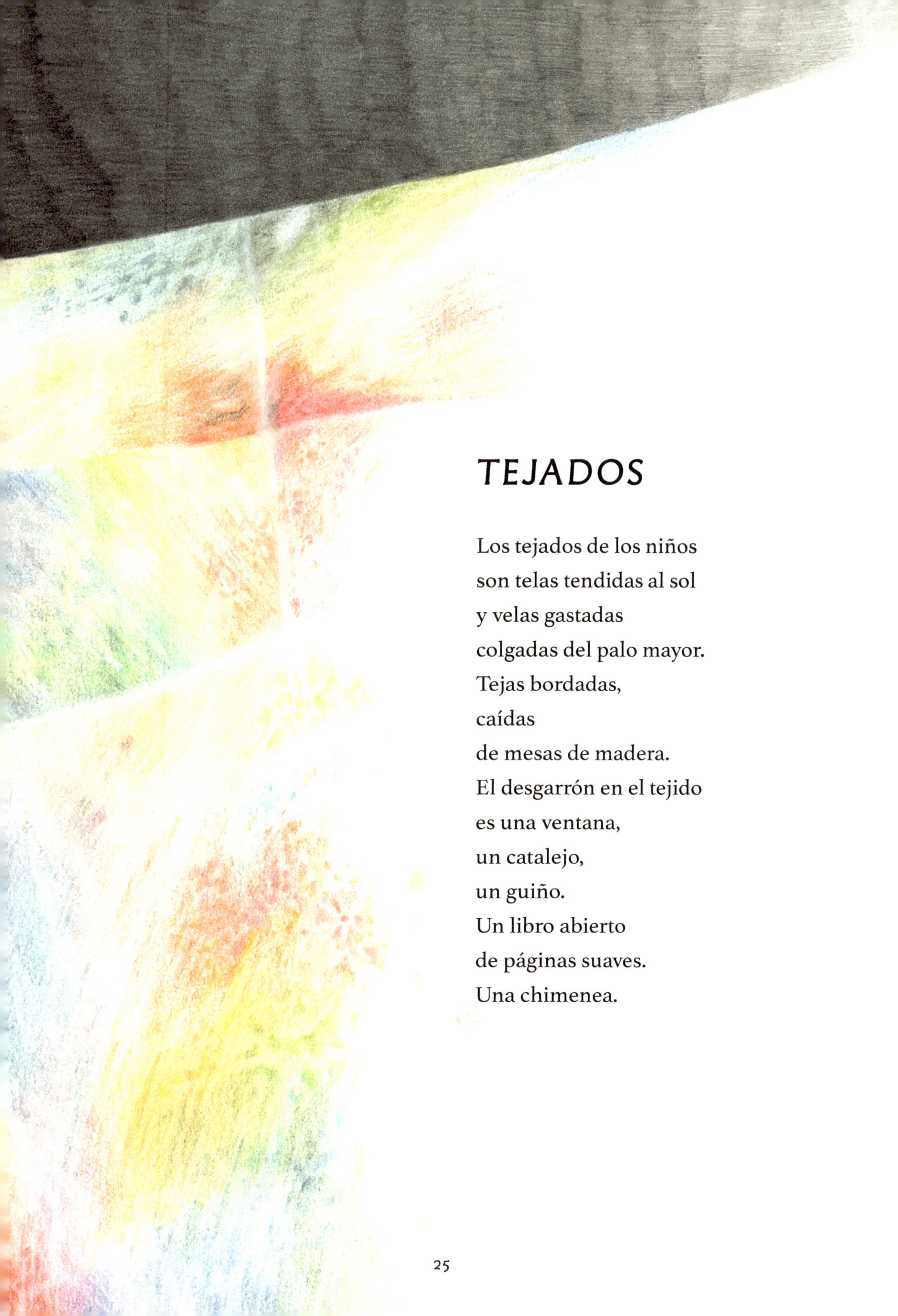

TEJADOS

Los tejados de los niños
son telas tendidas al sol
y velas gastadas
colgadas del palo mayor.
Tejas bordadas,
caídas
de mesas de madera.
El desgarrón en el tejido
es una ventana,
un catalejo,
un guiño.
Un libro abierto
de páginas suaves.
Una chimenea.

PEDAZOS

Los pedazos de los niños
son juguetes
abandonados en desorden;
trenecitos rojos
rotos
en la oscuridad de un túnel.
Muñecas
sin brazos
y sin abrazos;
dientecitos que caen
de noche
y costras en las rodillas
que desaparecen solas.
Ponemos remiendos
con esparadrapo transparente,
al fin y al cabo,
después del granizo,
siempre sale el sol.

SOMBRAS

Se alargan y se acortan
a la luz de una cerilla
las sombras de los niños
huidas de la pared.
Baile de sombras
aún más secretas
sobre las huellas
matutinas.

NIEBLA

¿Qué hacen los niños
para no perderse
entre los carritos del supermercado,
entre las hojas afiladas
de las flores del césped,
entre los resoplidos
de niebla y aliento
de los andenes?
¿Cómo logran
encontrar las estrellas
entre persianas bajadas
en las esquinas de la ciudad?
A esto quizás nadie,
tal vez nadie,
sepa responder.

MAR

Los niños se parecen al mar:
resplandecen como gotas;
son seres de tránsito entre el agua,
la roca y la arcilla.
Tienen granitos de arena
escondidos en el fondo,
allí lucen mil colores.
Caricias de espuma
contenidas en una ola,
crestas de rabia y de miedo,
sueños que son aventura.
Los niños se parecen al mar:
son saltos de vida
chorreantes
y reflejos de sol,
conchas
de mil palabras importantes.

Cuando llegan a la orilla,
después de tanto nadar,
ya son muchachos
que brotan fuera
riendo como locos entre ellos.
Y en una risa nueva de viento,
se observan.
Los niños se parecen al mar.

Título original: *E cento altri tesori*

© del texto: Franca Perini, 2025
© de las ilustraciones: Anna Pedron, 2025
© de la traducción: Lola Barceló, 2025
© de esta edición: Kalandraka Editora, 2026

Rúa de Pastor Díaz, n.º 1, 4.º B – 36001 Pontevedra
Tel.: 986 860 276
editora@kalandraka.com
www.kalandraka.com

Impreso en Rodona, Pamplona
Primera edición: enero, 2026
ISBN: 978-84-1343-452-0
DL: PO 589-2025
Reservados todos los derechos

MIXTO
Papel | Apoyando la silvicultura responsable
FSC® C136768
FSC
www.fsc.org